Céim ar

Cairde le Chéile

Leabhar 2

CJ Fallon
ESTABLISHED 1895

Foilsithe ag
CJ Fallon
Bloc B – Urlár na Talún
Campas Oifige Ghleann na Life
Baile Átha Cliath 22

An Chéad Eagrán Eanáir 2016
An tEagrán seo Lúnasa 2021

ISBN: 978-0-7144-2165-0

Clóbhuailte in Éirinn ag
W & G Baird Teoranta
Céide Caulside
Aontroim BT41 2RS

Clár

Seo í Fífí.

Seo é Bú.

Seo é Teidí.

Seo í Neilí.

Seo iad Leo Leon agus Tigí Tíogar.

 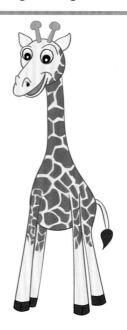

Seo iad Micí Moncaí agus Síofra Sioráf.

Sa ghairdín

Tá Fífí ag súgradh sa ghairdín.
Tá Bú ag súgradh sa ghairdín freisin.
Tá siad ag súgradh leis na duilleoga.

Tá an lá gaofar.
'Féach, tá na duilleoga ag titim,' arsa Fífí.
'Is maith liom lá gaofar!' arsa Bú.

Bréagáin

Tá Leo agus Tigí sa seomra suite.

Tá siad ag súgradh.

Tá leoraí beag ag Leo.

Tá traein ag Tigí.

'Ba mhaith liom an leoraí!' arsa Tigí.
'Seo duit,' arsa Leo.
'Ar mhaith leat an traein?' arsa Tigí.
'Ba mhaith liom,' arsa Leo.

Sa chistin

Tá Teidí agus Neilí sa chistin.

Tá Teidí ag obair.

Tá Neilí ina suí ag an mbord.

'Ar mhaith leat tae?' arsa Teidí.

'Ba mhaith liom,' arsa Neilí.

Tá taephota ar an mbord.

Tá cáca ar an mbord freisin.

Tá Teidí agus Neilí ag ól tae.

Tá siad ag ithe cáca freisin.

Sa siopa

Tá Micí agus Síofra sa siopa.
Tá an siopadóir sa siopa freisin.
'Cad atá uait?' arsa Leo.
'Tá bainne uaim,' arsa Micí.
'Seo duit,' arsa Leo.
'Agus tá arán uaim,' arsa Síofra.

'Cé mhéad é sin?' arsa Micí.

'Dhá euro,' arsa Leo.

'Seo duit,' arsa Micí.

'Go raibh maith agat,' arsa Leo.

'Agus cé mhéad é seo?' arsa Síofra.

'Dhá euro freisin,' arsa Leo.

'Seo duit,' arsa Síofra.

'Go raibh maith agat,' arsa Leo.

Ar scoil

Tá Teidí agus Neilí ar scoil.

Tá leabhar ag Teidí.

Tá sé ag léamh.

Tá peann luaidhe ag Neilí.

Tá sí ag scríobh.

'Tá sé in am sosa,' arsa an múinteoir Síofra.

Tá bosca lóin ag Teidí.
'Cá bhfuil do bhosca lóin, a Neilí?' arsa an
múinteoir Síofra.
'Tá sé sa bhaile,' arsa Neilí.
Tá brón ar Neilí.
'Seo duit úll,' arsa Teidí.
Tá áthas ar Neilí anois.

Sa chlós

Tá Neilí agus Teidí ag súgradh sa chlós.

Tá Leo agus Micí sa chlós freisin.

Tá téad ag Leo.

Tá téad ag Micí.

Tá siad ag scipeáil.

Tá siad ag gáire.

Tá áthas ar na cairde.

Thit Teidí.

Bhí Teidí ag caoineadh.

'An bhfuil do lámh ag cur fola?' arsa Micí.

'Níl,' arsa Teidí.

'Ná bí buartha,' arsa Micí.

Tá áthas ar na cairde arís.

Oíche Shamhna

Oíche Shamhna atá ann.
Tá na cairde gléasta suas.
'Is púca mise,' arsa Bú.
'Is cailleach mise,' arsa Fífí.
'Is fear grinn mise,' arsa Teidí.
'Is puimcín mise,' arsa Neilí.

Tá na cairde ag dul ó theach go teach.
Tá siad ar bís.
'Bob nó bia,' arsa Bú agus Fífí.
'Is maith liom Oíche Shamhna,' arsa Bú.
'Is maith liom Oíche Shamhna freisin,' arsa Fífí.

Lá breithe

Inniu lá breithe Leo.

Tá sé ocht mbliana d'aois.

Tá féasta sa teach.

Tá cáca breithe ar an mbord.

Tá na cairde ag ithe agus ag ól.

'Seo duit bronntanas, a Leo,' arsa Tigí.

'Ó, go raibh maith agat!' arsa Leo.

'Oscail an bronntanas!' arsa Tigí.

'Ó, féach! Ríomhaire nua! Go raibh maith agat!' arsa Leo.

Ríomhaire nua

Tá Leo sa seomra suite.

Tá an ríomhaire ar an mbord.

Tá Leo ag imirt cluiche ar an ríomhaire.

'Is maith liom an cluiche seo,' arsa Leo.

Scríobh Leo ríomhphost chuig Neilí agus Teidí:
'Ar mhaith libh teacht ar cuairt?'
Tar éis tamaill fuair Leo freagra:
'Ba mhaith linn.'

Cuairteoirí

Bhí cnag ar an doras.
D'oscail Tigí an doras.
Bhí Neilí agus Teidí ann.
'Fáilte romhaibh,' arsa Tigí.

Chuaigh na cairde isteach sa seomra suite.
Bhí Teidí agus Leo ag súgradh le bloicíní.
Bhí Neilí agus Tigí ag súgradh le traein.
Bhí áthas ar na cairde.

Tá Síofra tinn

Tá Síofra ina luí.
'Tá sé in am bricfeasta, a Shíofra,' arsa Micí.
'Tá pian i mo cheann, tá mé tinn,' arsa Síofra.

Tá Síofra agus Micí ag an dochtúir.

'Cá bhfuil an phian, a Shíofra?' arsa Tigí.

'I mo cheann,' arsa Síofra.

'Oscail do bhéal,' arsa Tigí.

'Áááá,' arsa Síofra.

'Mmm, tá tú an-tinn,' arsa Tigí.

'Seo duit leigheas.'

'Go raibh maith agat,' arsa Micí.

Ag rothaíocht

Tá Síofra agus Bú sa pháirc.

Tá biseach ar Shíofra anois.

Tá Síofra ar rothar dearg.

Tá Bú ar rothar buí.

Tá clogad gorm ar Shíofra.

Tá clogad glas ar Bhú.

Tá Síofra agus Bú ag rothaíocht.

'An féidir leat rothaíocht go tapa?' arsa Bú.

'Is féidir liom,' arsa Síofra.

Tá siad ag rothaíocht go tapa anois.

Tá áthas ar Shíofra.

Tá áthas ar Bhú.

Am codlata

Tá Fífí, Teidí agus Neilí ag féachaint ar
an teilifís.
'Tá sé in am codlata anois,' arsa Teidí.
'Múch an teilifís.'
'Níl tuirse orm,' arsa Neilí.
Tá Fífí agus Teidí ag dul a chodladh.

Tá Fífí agus Teidí sa seomra folctha.
Tá scuab fiacla ag Teidí.
Tá scuab fiacla ag Fífí.
'Tá mo chuid fiacla glan anois,' arsa Teidí.
Tá Neilí sa seomra codlata.
'Ó, féach! Tá Neilí ina codladh!' arsa Fífí.

An Nollaig

Tá Daidí na Nollag ag teacht.

Tá sé a hocht a chlog.

Tá na cairde ag dul a chodladh.

Tá brioscaí agus bainne ar an mbord.

Tá cairéad ar an mbord do Rudolf.

Ar maidin rith na cairde isteach sa
seomra suite.
Bhí na bronntanais faoin gcrann Nollag.
D'oscail siad na bronntanais.
Bhí áthas ar gach duine.
Thosaigh siad ag súgradh.

Sneachta

'Féach! Tá sé ag cur sneachta,' arsa Síofra.
'Hurá, hurá!' arsa na cairde go léir.
Rith siad amach sa sneachta.
Thosaigh siad ag súgradh.

Rinne Leo agus Fífí fear sneachta.

Chuir Leo hata ar an bhfear sneachta.

Chuir Fífí scaif air.

Rinne Bú, Síofra agus Neilí liathróidí sneachta.

Chaith siad na liathróidí sneachta.

Bhí spórt mór ag na cairde le chéile.

Am dinnéir

Tá Tígí agus Leo sa chistin.

Tá an dinnéar réidh.

Tá sicín, cairéid agus prátaí ar an mbord.

Tá uisce ar an mbord freisin.

Tá na cairde sa chistin.

Tá forc agus scian ag gach duine.

Tá gloine ag gach duine freisin.

'Is maith liom an dinnéar seo,' arsa Neilí.

'Tá sé blasta.'

'Is maith liomsa an dinnéar freisin,' arsa Síofra.

An fiaclóir

Bhí tinneas fiacaile ar Neilí.
Chuaigh Neilí agus Teidí go dtí an fiaclóir.
'Dia duit,' arsa Teidí. 'Seo í Neilí. Tá tinneas
fiacaile uirthi.'
'Suigh ar an gcathaoir, a Neilí,' arsa an fiaclóir.

Bhí Neilí ar an gcathaoir.

'Oscail do bhéal, a Neilí,' arsa an fiaclóir.

Bhí fiacail amháin ag bogadh.

'Seo duit, a Neilí,' arsa an fiaclóir. 'Beidh Sióg
na bhFiacla ag teacht anocht.'

Ar an bhfeirm

Tá Leo ar an bhfeirm.
Feiceann sé capall.
Tá an capall sa pháirc.
Tá Síofra ar an bhfeirm freisin.
Feiceann sí lachain.

Tá na lachain sa lochán.

Tá siad ag snámh.

'Ba mhaith liom dul ag snámh,' arsa Síofra.

'Ba mhaith liom dul ag snámh freisin,' arsa Leo.

Sa siopa éadaigh

Tá Fífí agus Micí sa siopa éadaigh.
Tá Fífí ag féachaint ar na hataí.
Tá Micí ag féachaint ar na cótaí.
'Cad atá uait, a Fhífí?' arsa an siopadóir.

'Ba mhaith liom hata glas, le do thoil,' arsa Fífí.

'Cuir ort an hata seo,' arsa an siopadóir.

'Tá sé an-deas,' arsa Micí.

Cheannaigh Fífí an hata glas.

Cheannaigh Micí an cóta glas.

Lá 'le Pádraig

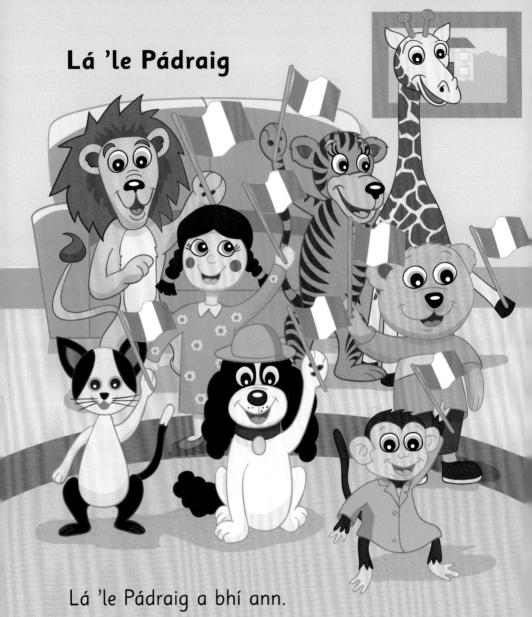

Lá 'le Pádraig a bhí ann.
Bhí gach duine ar bís.
'Is maith liom Lá 'le Pádraig,' arsa Fífí.
Bhí hata glas ar Fhífí.
Bhí cóta glas ar Mhicí.

Bhí paráid sa bhaile mór.

Chuaigh Bú agus Fífí go dtí an pharáid.

Chuaigh Teidí agus Neilí go dtí an
pharáid freisin.

Bhí Leo agus Tigí, Micí agus Síofra ag máirseáil
sa pharáid.

Sa leabharlann

Chuaigh Bú agus Fífí go dtí an leabharlann.
Bhí an leabharlannaí ag obair.
Bhí Bú agus Fífí ag féachaint ar na leabhair.
'Is maith liom na leabhair,' arsa Fífí.

Fuair Fífí leabhar.

Shuigh sí ar an ruga.

Bhí sí ag féachaint ar na pictiúir.

Shuigh Bú ar an ruga.

Léigh Fífí an leabhar.

'Bhí an scéal sin go deas, a Fhífí,' arsa Bú.

An Cháisc

Chuaigh Tigí agus Micí isteach sa chistin.

Bhí dhá ubh Chásca ar an mbord.

Bhí 'Tigí' ar ubh amháin.

Bhí 'Micí' ar an ubh eile.

Bhí áthas ar Thigí agus bhí áthas ar Mhicí.

D'oscail Tigí an ubh.

Bhí milseáin san ubh.

D'oscail Micí an ubh.

Bhí uibheacha beaga san ubh sin.

'Seo duit milseán, a Mhicí,' arsa Tigí.

'Seo duit ubh bheag,' arsa Micí.

Shuigh Tigí agus Micí síos agus d'ith siad seacláid.

An sorcas

Bhí Teidí agus Neilí ag siúl.
Chonaic siad fógra.
Léigh Teidí an fógra.

Sorcas

Anocht ag a
seacht a chlog.
Cead isteach:

€10

Chuaigh na cairde go dtí an sorcas.
Cheannaigh Neilí na ticéid.
Chuaigh siad isteach sa phuball.

'Ó, féach ar an lámhchleasaí!' arsa Neilí.
'Is maith liom an lámhchleasaí!'
Tháinig an fear grinn amach. Bhí srón dhearg
air. Bhí sé greannmhar.
'Is maith liomsa an fear grinn,' arsa Teidí.
Bhí gach duine ag gáire.

Ag an zú

Chuaigh Teidí agus Neilí go dtí an zú.
Bhí siad ag féachaint ar na hainmhithe.
Chonaic siad rón ag snámh.
Ansin, chonaic siad eilifint ag ól uisce.
'Tá ocras orm,' arsa Teidí.
'Tá ocras orm freisin,' arsa Neilí.
D'ith siad ceapairí agus úlla agus d'ól siad
sú oráiste.

'Féach! Tá moncaí mór ag luascadh sa chrann,'
arsa Teidí.
'Tá moncaí beag sa chrann freisin,' arsa Neilí.
Chonaic siad cangarú ag léim.
Ar a trí a chlog chuaigh Teidí agus Neilí
abhaile ar an mbus.

Eilifint

Seo í an eilifint.

Cónaíonn sí san Afraic.

Tá dath liath uirthi.

Tá craiceann crua aici.

Tá trunc fada aici.

Tá cluasa móra aici.

Tá eireaball beag aici.

Ólann sí uisce agus itheann sí féar
agus duilleoga.

Déan ceapaire

Arán, im, cáis, leitís agus tráta.

1. Cuir im ar an arán.
2. Gearr an tráta.
3. Cuir tráta agus leitís sa cheapaire.
4. Cuir cáis sa cheapaire.
5. Gearr an ceapaire.
6. Cuir an ceapaire ar an bpláta.

An cheolchoirm

Bhí an cheolchoirm sa scoil.

Bhí a lán daoine sa halla.

Bhí siad ag féachaint ar an ardán.

Bhí na cairde ar bís.

Ar a hocht a chlog, thosaigh an cheolchoirm.

Rinne na cairde dráma beag.

Chan Tigí amhrán.
Bhí giotár ag Teidí agus bhí feadóg stáin
ag Neilí.
Thosaigh na cairde ag damhsa.
Bhí an cheolchoirm thart ar a naoi a chlog.

An teilifís

Lá fliuch a bhí ann.

Bhí Bú agus Fífí sa seomra suite.

Bhí siad ag féachaint ar an teilifís.

Bhí clár dúlra ar siúl.

Tháinig Leo isteach.

'Cá bhfuil an cianrialtán?' arsa Leo.

'Níl a fhios agam,' arsa Bú.

'Féach! Tá sé ar an tolg,' arsa Fífí.

Bhí an cianrialtán ag Leo.

Thosaigh sé ag pleidhcíocht.

'Féach! Tá clár spóirt agus cartúin ar an teilifís,' arsa Leo.

'Stop, a Leo!' arsa Bú. 'Cuir an clár dúlra ar siúl arís.'

Thosaigh Bú agus Leo ag argóint.

Ar an trá

Bhí an lá te.

Chuaigh na cairde go dtí an trá.

Bhí hata gréine ar Shíofra.

Bhí buicéad agus spád ag Tigí.

Bhí Micí agus Tigí ag súgradh sa ghaineamh.

Rinne Tigí caisleán.

Chuir Micí sliogáin ar an gcaisleán.

'Tá an caisleán go deas,' arsa Síofra.

Chuaigh Micí agus Tigí ag snámh.
Chuaigh Síofra go dtí an siopa.
Cheannaigh sí uachtar reoite.
Rith Micí agus Tigí amach as an uisce.
'Ó féach, tá na cóin ag leá,' arsa Síofra.
Thosaigh siad ag ithe go tapa.

Ag dul ar saoire

An samhradh a bhí ann.
Bhí Fífí agus Bú ag dul ar saoire.
Chuir Fífí a culaith snámha, gúna agus spéaclaí
gréine sa chás.
Chuir Bú a hata gréine, t-léine agus uachtar
gréine sa chás. Chuir sé buicéad agus spád sa
chás freisin.

Chuaigh Bú agus Fífí go dtí an t-aerfort.
Chonaic siad eitleán mór.
'Tá mé ar bís,' arsa Bú.
Chuaigh Bú agus Fífí isteach san eitleán.
Chuaigh an t-eitleán suas sa spéir.

Slán

Féach ar na cairde,
Na cairde le chéile.
Féach ar na cairde
Ag siúl in airde.

Tá na málaí beaga lán,
Tá na cairde ag dul ar eitleán.
Tá siad ag fágáil
Slán, slán, slán!